Género Biografía

Pregunta esencial

¿Cómo puede una persona aportar su grano de arena?

Jacob Riis: Campeón de los pobres

Sarah Wilcox

Capítulo 1
Comienzos y primeros días 2

Capítulo 2
Un periodista con un arma nueva 8

Capítulo 3
La batalla para limpiar los barrios bajos 12

Respuesta a la lectura 15

LECTURA COMPLEMENTARIA **La lucha por la igualdad** 16

Glosario/Índice 19

Enfoque: Estudios Sociales 20

CAPÍTULO 1

Comienzos y primeros días

Jacob Riis fue una de las miles de personas que **inmigraron** a Estados Unidos en el siglo XIX. Viajó de Dinamarca a la Ciudad de Nueva York en 1870. Muchas personas llegaban a Nueva York con la esperanza de una vida mejor. En su lugar, se encontraron viviendo en los **barrios bajos.** Vivían en habitaciones oscuras, sucias y abarrotadas de gente. Las enfermedades se propagaban con facilidad y algunas personas incluso morían.

Riis experimentó la dura vida de los inmigrantes. Entendió lo que era ser pobre y estar hambriento. Riis quería que las personas comprendieran lo dura que era la vida para los nuevos inmigrantes.

Riis mostró los lugares abarrotados donde vivían los inmigrantes.

Riis se convirtió en periodista y escribió sobre las dificultades de los nuevos inmigrantes. Usó su afición por la fotografía para contar sus historias. Las fotografías de Riis fueron un arma útil en su lucha por mejorar la vida de los pobres. Sus imágenes mostraban a las personas cómo era de verdad la vida en los barrios bajos, de una manera que no se podía expresar con palabras.

Miles de niños vivían en los barrios bajos de la Ciudad de Nueva York.

Jacob Riis nació en 1849 en Ribe, Dinamarca. Su padre era profesor y también trabajaba para el periódico de la ciudad. Riis no era tímido, aprendió inglés en la escuela, luego se entrenó para ser carpintero.

Un día, conoció a una muchacha llamada Elisabeth Nielsen. A pesar de que ambos eran jóvenes, estaba decidido a casarse con ella algún día. Sin embargo, al padrastro de Elisabeth no le gustaba la idea. Riis no podía encontrar trabajo, así que con 21 años, se trasladó a Estados Unidos. Como muchos inmigrantes, Riis creía que había mejores oportunidades en Estados Unidos. Planeaba conseguir un trabajo y ganar algo de dinero, luego regresaría a Dinamarca y se casaría con Elisabeth.

De Dinamarca a Estados Unidos

Riis se trasladó de Ribe, Dinamarca, a la Ciudad de Nueva York.

Cuando Riis llegó a Nueva York en 1870, trabajó en muchos oficios para ganar suficiente dinero para sobrevivir. Trabajó como carpintero, minero, agricultor y en el ferrocarril. Incluso escribió cuentos para revistas.

A veces le pagaban bien y Riis tenía suficiente dinero para pagar por un lugar donde vivir y comprar alimento. Otras veces, sus patrones lo trataban con crueldad. Le pagaban menos de lo que habían prometido. Cuando no trabajaba, pasaba hambre y dormía en la calle.

Después de casi tres años, Riis seguía pobre. ¿Ganaría algún día suficiente dinero para lograr casarse con Elisabeth?

Como Riis, muchos inmigrantes llegaban a la Ciudad de Nueva York y luchaban para encontrar trabajo. Estos inmigrantes no estaban cualificados para un trabajo bien pagado. Así solo podían permitirse vivir en edificios de apartamentos estrechos y sucios llamados **inquilinatos.**

Los propietarios apiñaban a las personas en inquilinatos para recolectar la máxima renta posible. Hasta 15 personas podían vivir en una habitación. Cientos vivían en un solo inquilinato.

Muchas de las habitaciones eran subterráneas y no tenían luz ni aire fresco. Muchas personas tenían que compartir los pocos baños. Algunas dormían en sacos de fique podrido.

Los inmigrantes vivían en inquilinatos como este.

INMIGRACIÓN MASIVA

Millones de personas inmigraron a Estados Unidos entre 1847 y 1930. Muchos venían de países en Europa, como Irlanda, Alemania e Italia.

Mientras muchos inmigrantes vivían en inquilinatos, otros debían buscar un espacio para vivir donde pudieran, debajo de puentes o en cobertizos cerca de los inquilinatos. Riis escribió más tarde: "Ni un cerdo hubiera estado contento de vivir en un lugar así".

Una de las zonas más pobres en la Ciudad de Nueva York era Five Points, en Manhattan. Esta área estaba llena de inquilinatos abarrotados y chozas endebles. Muchos no tenían trabajo y robaban alimentos y otras cosas para sobrevivir. Allí vivían unos 40,000 niños, pero estaban demasiado harapientos y sucios para ir a la escuela. Riis odiaba ver tan infelices a las personas, especialmente a los niños.

Muchas personas en el barrio bajo de Five Points vivían en chozas hechas de madera áspera y hierro.

CAPÍTULO 2

Un periodista con un arma nueva

En 1873, Riis fue contratado como reportero por la Asociación de Noticias de Nueva York. Comenzó a escribir sobre la injusticia y las terribles condiciones que afrontaban muchas personas pobres. Describió cómo la Ciudad de Nueva York, una de las ciudades más ricas del mundo, era el hogar ahora de más de un millón de personas hambrientas y con exceso de trabajo. Como escribió más tarde en su libro *How the Other Half Lives* (*Cómo vive la otra mitad*): "Estas imágenes oprimen mi corazón, debo contarlas o estallar".

Riis también le escribió a Elisabeth pidiéndole que se casara con él. Ella dijo que sí y él regresó a Dinamarca para la boda. Luego, volvieron juntos a Estados Unidos.

Elisabeth, la esposa de Jacob, posa con Edward, su primer hijo.

(tr) D. Hurst/Alamy, (b) Richmond Hill Historical Society and Ribe Arkiv

De vuelta en Nueva York, Riis trabajó como reportero de sucesos para el *New York Tribune* de 1877 hasta 1888. Esto significaba que pasaba más tiempo en los barrios bajos y podía escribir historias sobre cómo era la vida allí.

Riis escribió sobre cómo eran forzadas a vivir las personas pobres. Creía que los pobres solo cometían crímenes por sus condiciones de vida. Creía que la educación y el mejoramiento de las condiciones de vida podrían cambiar esta situación. Como reportero, Riis se frustraba porque sabía que necesitaba más que palabras para convencer a los lectores de que sus historias sobre la **pobreza** eran ciertas.

Una mañana en 1887, Riis leyó en el periódico sobre una manera de tomar fotos en la oscuridad, usando un polvo especial para hacer una luz brillante. Se llamaba fotografía con flash.

Antes de la década de 1880, la fotografía era posible solo durante el día. Riis se dio cuenta de que con este nuevo invento podía tomar fotografías dentro de los inquilinatos y en las esquinas más oscuras de las calles, para mostrar cómo eran en realidad los barrios bajos. Ahora tenía una nueva "arma" para usar en su lucha para terminar con los barrios bajos.

Detective del lenguaje

En el texto subrayado, el verbo está en pretérito. Busca otros verbos en este tiempo en la página 9.

Riis compró una cámara y un equipo nuevo de flash. Fue uno de los primeros reporteros en usar la fotografía con flash.

Riis necesitaba asistentes para ayudarlo a preparar y encender el polvo de flash. Era un trabajo arriesgado y peligroso. Usar y encender el polvo podía ser peligroso. Una vez, Riis casi se queda ciego cuando el polvo le explotó en la cara. Afortunadamente, llevaba gafas y no se le dañó la vista.

Usando fotografía con flash, Riis tomó fotos de niños durmiendo en las calles.

Detective del lenguaje En el texto subrayado, ¿qué verbo está en pretérito y en qué persona está?

CÓMO TOMAR UNA FOTOGRAFÍA CON POLVO DE FLASH

1. Riis montaba la cámara sobre un trípode para mantenerla estable. Usaba un farol para luz.
2. Luego, molía los dos polvos de flash por separado.
3. En seguida, mezclaba los polvos.
4. Luego, arrojaba un fósforo en el polvo de flash, teniendo cuidado de no acercarse demasiado.
5. Finalmente, Riis tomaba la foto cuando el flash iluminaba la escena.

Algunas veces los fotógrafos olvidaban moler los polvos por separado antes de mezclarlos. Esto podía causar una explosión o un incendio. Muchos fotógrafos murieron usando polvo de flash.

Los fotógrafos, como el que se muestra arriba, también usaban magnesio para crear un flash. Funcionaba como el polvo de flash.

CAPÍTULO 3

La batalla para limpiar los barrios bajos

Las fotografías de extrema pobreza de Riis conmocionaron a las personas. Aparecieron primero en periódicos junto a sus historias. Riis también las mostró durante las conferencias o charlas que daba en reuniones públicas. En sus conferencias, Riis hablaba sobre la necesidad de mejorar las cosas. Quería mejores alojamientos. Quería más espacios abiertos y parques donde los niños pudieran jugar.

En 1890, Riis publicó su primer libro, *How the Other Half Lives* (*Cómo vive la otra mitad*). El libro describía lo que Riis había visto en los barrios bajos de la ciudad. Fue un libro importante porque incluía fotografías que mostraban a las personas cómo vivía la gente en los barrios bajos.

El libro de Riis *How the Other Half Lives* (*Cómo vive la otra mitad*) fue muy popular.

(tr)D. Hurst/Alamy, (b)GRANGER

Riis tomó esta fotografía de un alojamiento de hombres. Los hombres dormían sobre tablas en el suelo o sobre periódicos.

Bettmann/Getty Images

El libro de Riis captó la atención del futuro presidente Theodore Roosevelt, quien leyó el libro y quiso ayudar. Roosevelt le dio ánimos a Riis y así se convirtieron en buenos amigos.

How the Other Half Lives (*Cómo vive la otra mitad*) también estimuló a funcionarios de la ciudad a ayudar a mejorar las condiciones de vida de los inmigrantes. Así comenzó una lucha para limpiar los barrios bajos de Five Points en Manhattan.

Tomó 14 años acabar con los barrios bajos de Five Points. Los escritos y fotografías de Riis ayudaron a ganar esa batalla. Su determinación mejoró la vida de muchas personas en la Ciudad de Nueva York.

Riis escribió varios libros. Continuó dando conferencias. Trabajó por mejorar las condiciones de vida. Buscó acabar con los lugares de trabajo donde las personas trabajaban largas horas por salarios bajos.

Jacob Riis murió en 1914. El parque Jacob Riis en la Ciudad de Nueva York es un monumento a él. También hay una escuela y un parque de juegos que llevan su nombre.

Las personas disfrutan la playa en el parque Jacob Riis.

LA VIDA DE JACOB RIIS

1849: Nació en Ribe, Dinamarca.

1870: Inmigró a Estados Unidos.

1873: Comenzó a trabajar como reportero de un periódico.

1876: Se casó con Elisabeth Nielsen.

1888: Usó por primera vez la fotografía con flash.

1890: Publicó el libro *How the Other Half Lives* (*Cómo vive la otra mitad*).

1914: Murió.

Joseph Costa/New York Daily News Archive/Getty Images

Respuesta a la lectura

Resumir

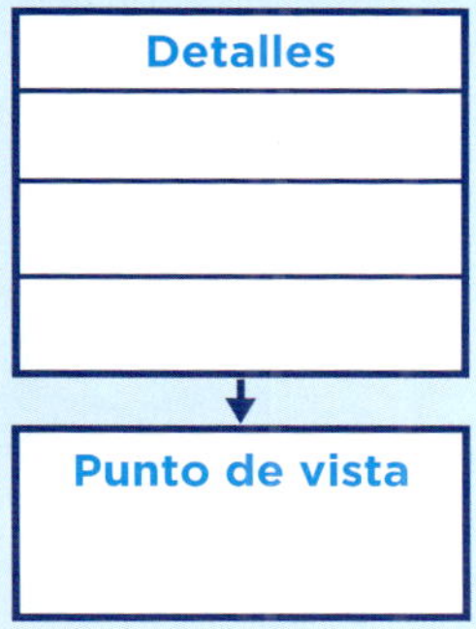

Usa detalles importantes para resumir cómo Jacob Riis usó el periodismo para ayudar a los pobres. Usa el organizador gráfico como ayuda.

Evidencia en el texto

1. ¿Qué clase de texto informativo es *Jacob Riis: Campeón de los pobres*? Utiliza ejemplos del texto para apoyar tu respuesta. **GÉNERO**

2. ¿Qué piensa la autora de las condiciones de vida en los barrios bajos? Usa detalles del texto. **PUNTO DE VISTA DE LA AUTORA**

3. ¿Qué significa la palabra *peligroso* en la página 10? ¿Qué sinónimo te ayudó a determinar su significado? **SINÓNIMOS Y ANTÓNIMOS**

4. ¿Piensa la autora que Riis aportó un grano de arena para ayudar a la gente de los barrios bajos? Escribe sobre el punto de vista de la autora usando evidencia en el texto. **ESCRIBIR SOBRE LA LECTURA**

Género Biografía

Compara los textos

Lee sobre cómo una niña aportó su grano de arena en su comunidad.

La lucha por la igualdad

Sylvia Méndez creció en California en la década de 1940. En aquella época, había **segregación** en la mayoría de las escuelas. Los niños iban a escuelas distintas dependiendo de su raza.

Acceso negado

Cuando Sylvia tenía ocho años, sus padres intentaron matricularla en la escuela local. En esa escuela solo permitían estudiar a niños blancos. Como Sylvia era de origen mexicano y puertorriqueño, no pudo ir allí. La escuela para niños que no eran blancos estaba lejos, en un edificio en mal estado. La escuela de los blancos quedaba en un edificio nuevo, con mejores instalaciones y equipamiento.

Victoria en California

Los padres de Sylvia pensaban que era injusto que Sylvia fuera tratada diferente debido a su raza. Pensaban que le debían permitir asistir a la mejor escuela.

Sus padres y la comunidad local protestaron. Demandaron al distrito escolar y ganaron. Durante el juicio, Sylvia tuvo que hablar en la corte, aunque solo tenía nueve años. Tenía que probar que podía hablar inglés y que era capaz de aprender.

Después del caso Méndez, en 1947, California se convirtió en el primer estado que terminó con la segregación en las escuelas. Esto estimuló a las personas de otros estados a protestar y boicotear la segregación en las escuelas. Hacia 1969, la segregación en las escuelas había sido declarada ilegal. Los niños ya no tenían que ir a escuelas distintas debido a su raza.

Bettmann/Getty Images

Estos manifestantes marchan contra la segregación en las escuelas en St. Louis, Missouri, en 1963.

Vida después de la escuela

Sylvia asistió finalmente a una escuela que había sido abierta solo para blancos. Algunas veces la molestaban y le ponían apodos, pero ella no se rindió. Estudió mucho, más tarde se convirtió en enfermera.

Hoy, Sylvia Méndez habla en las escuelas a lo largo de Estados Unidos. Méndez estimula a los estudiantes a no dejar la escuela y a seguir estudiando.

En 2011, Méndez fue condecorada con la Medalla presidencial de la libertad. Este premio reconoce el trabajo que Méndez ha hecho por los **derechos civiles** en la educación. Se otorga a personas que han ayudado a hacer de Estados Unidos o del mundo un lugar mejor.

El presidente Barack Obama condecora a Méndez con su medalla.

Haz conexiones

¿Cómo aportó un grano de arena Sylvia Méndez? **PREGUNTA ESENCIAL**

Jacob Riis y Sylvia Méndez aportaron un grano de arena en sus comunidades. ¿En qué se parecen? ¿En qué se diferencian? **EL TEXTO Y OTROS TEXTOS**

Glosario

barrios bajos áreas deprimidas de una ciudad, habitadas por personas pobres ***(página 2)***

derechos civiles derechos de una persona sin importar su raza ***(página 18)***

inmigrar trasladarse a un nuevo país ***(página 2)***

inquilinato edificio que tiene varias habitaciones o apartamentos alquilados, que están con frecuencia en malas condiciones ***(página 6)***

pobreza estado de ser pobre ***(página 9)***

segregación separación por motivos de raza ***(página 16)***

Índice

Five Points, *7, 13*

fotografía con flash, *9, 10, 11, 14*

How the Other Half Lives (*Cómo vive la otra mitad*), *8, 12-14*

Medalla presidencial de la libertad, *18*

Nielsen, Elisabeth, *4, 5, 8, 14*

Roosevelt, Theodore, *13*

Enfoque:

Estudios Sociales

Propósito Mostrar cómo los niños pueden aportar un grano de arena en sus comunidades

Procedimiento

Paso 1 Con un compañero o un grupo pequeño, haz una lluvia de ideas sobre cosas en tu comunidad que te gustaría cambiar.

Paso 2 Escoge aquella por la que más te gustaría hacer algo.

Paso 3 Haz un plan. ¿Qué harás? ¿Cómo lo harás? ¿Quién hará qué? ¿Necesitas ayuda?

Paso 4 Comparte tu plan con el resto de la clase.